JN029842

CupOfTherapy™
いっしょに越えよう
Together through the hours

マッティ・ピックヤムサ　アンッティ・エルヴァスティ
Matti Pikkujämsä & Antti Ervasti
西本かおる 訳

小学館

This edition published by arrangement with Gaia Inc., Tokyo.

This Japanese edition was produced and published in Japan in 2020
by SHOGAKUKAN Inc.
2-3-1 Hitotsubashi, Chiyodaku,
Tokyo 101-8001, Japan

Japanese edition creative staff
Translation / Kaoru Nishimoto
Editor / Yoshiko Kasai (Shogakukan Codex Inc.)
ISBN 978-4-09-307002-7 C0095
Printed in Japan

「CupOfTherapy（カップ１杯のセラピー）」の表情豊かで親しみやすい動物キャラクターたちは、わたしたちが日々の暮らしの中で経験するさまざまな感情について考える機会を与えてくれます。
人は深刻な悩みや心の健康の問題について隠してしまう傾向がありますが、自分と同じようなことをしている動物キャラクターを見ることで、心が温まり、自分の弱さを受け入れる助けになるでしょう。
自分の心の内から響いてくる厳しい声を黙らせるには、ぬくもりやユーモアが最高の薬になることがあります。

Helena Aatsinki
Occupational Health Doctor,
Sleep Medicine Specialist,
Psychotherapist, Clinical Supervisor

ヘレナ・アーツィンキ
産業医、睡眠障害専門医、心理療法士

朝の時間

Why so blue, it's just a regular morning?

1

Why so blue, it's just a regular morning?
いつもどおりの朝なのに

毎朝なぜか暗い気持ちになってしまう人はいませんか？　それは、なにか心配ごとがあるせい？　心配性の人はいつもノンストップでなにかを心配していて、自分が恵まれていることに気づきません。まるで、心配し続けていないと悪いことが起こる呪いでもかけられているみたいに！　いったん心配するのをやめて、考えてみてください。自分の生活をコントロールする方法はたくさんあります。心配しすぎて消耗するくらいなら、他の方法をとればいいのです。日々の暮らしの中にある可能性に気づき、希望や好奇心を抱くには、どうすればいいか考えてみましょう。

Landing down from the dream zone

2

Landing down from the dream zone

夢から目覚めるとき

睡眠は心の健康と切っても切れない関係にあります。しっかり休めた朝は、現実に向き合うのが楽なものです。また、質のいい睡眠は身体の健康にも欠かせません。日々の悩みごとは、すぐに睡眠に影響します。ストレスやプレッシャーが睡眠を妨げ、真夜中に急に目が覚めたりして、心地よい朝を迎えられなくなるのです。たっぷり休息を取った心は、疲れた心より問題をうまく片づけていけるもの。睡眠と休息の質と時間を大切にしましょう。

I'm not ready for the day.

3

I'm not ready for the day.

まだ準備ができていないのに

朝起きたときは、だれでもちっぽけな弱い存在です。夜中に見ていた夢はまだ消えていないのに、すでに一日は始まっていて、難題が押し寄せてきます。そんな自分にやさしくするために、朝のセルフケア・ルーティンを作りましょう。軽くストレッチしたり、静かに瞑想したり、自分に合った方法を。コトコト煮える鍋を見つめて心を鎮める人もいれば、静かに新聞を読む人もいます。朝の自分をちょっぴり甘やかして、いたわりましょう。

Be kind
to yourself
every
morning.

4

Be kind to yourself every morning.

朝の自分にやさしくしよう

おまえはブサイクだ、なまけ者だ、ろくなことをしない、クローゼットにはダサい服ばかり——朝からこんなことを言われたら、どんな気持ちになるでしょう？　じつは、自分自身に向けてこんな言葉をぶつけている人が少なくありません。自分の声というのは残酷なものです。

考えてみてください。乱暴で厳しい言葉がほしいですか？　それより、自分をやさしく励ます言葉をかけてみれば？　自分の長所に焦点を当てて、そこを伸ばしていくほうが建設的です。そのなかで自分の新たな一面に気づくこともあるでしょう。やりたいことは、何だってできるのです。

Good morning my sunshine.

5

Good morning my sunshine.
おはようって言ってるのに

家族やパートナーと長く顔を突き合わせていると、ちょっとしたことでぶつかったり、皮肉を言ってしまったりするものです、完璧なコミュニケーション力を持つ人などいなくても、喧嘩がエスカレートする前に取り消すことなら、だれにでもできるはず。大切なのは、タイミングよく謝って相手を苛立たせないことです。

It's only a Monday morning.

6

It's only a Monday morning.

まだ月曜日の朝なんだ

週末は人と会う機会が多くても、平日より時間を気にせずにのんびり過ごせるもの。週明けや休暇明けに平日のリズムに戻るのが難しいのは、ソーシャル・ジェットラグのせいです。仕事の重圧を感じたら、仕事に対する態度をちょっと変えてみましょう。仕事は、家族の生活や友人づきあいを続けていくための基盤。そんなふうに考えてみては？　少しのあいだ家族や友人と離れて過ごすのもいいものです。会いたい気持ちが仕事の励みになります。次の週末は必ずやってくるから。

※ソーシャル・ジェットラグ：平日と休日の睡眠リズムの違いにより体内時計がずれ、時差ボケのような状態になること。

My own morning pyjama party

7

My own morning pyjama party.

朝の秘密はパジャマ・パーティー

音楽やダンス、体を動かすことは、心にも体にもいいことが知られています。だれも見ていない自宅でなら､羽目をはずしても大丈夫。お気に入りの音楽をかけて体を動かすことを、朝のルーティンにしてしまいましょう。踊りたい人は思いきり踊って！　夜しっかり眠ったあとなら、メロディとリズムで頭が冴えてくるし、動いているうちにだんだん体もほぐれていきます。音楽を聞きながら気持ちを盛りあげ、意識的にポジティブ思考を始めましょう。

positivity
on
repeat.

8

Positivity on repeat.

いつもポジティブに

ポジティブ思考を続けていれば、どんどんポジティブになれる——とはいえ、人間には不安や恐ればかり見る習性があるのかと思えるほど、ポジティブであり続けるのは大変なことです。それでも、みんなで手を取り合ってポジティブな輪を作り、明るい方向に目を向けていれば、逆境の中でも前向きに進めるはず。そのための日々のルーティンがしっかりできていれば、ポジティブでクリエイティブな考え方を維持しやすいものです。

Hey you,
you can
get through
this day

9

Hey you, you can get through this day.

大丈夫、きっとうまくいく

自分が助けを求めているときもあれば、逆にこちらがだれかを助ける立場になることもあります。あなたの思いやりや希望を与える言葉や、ちょっとした行動が、同僚やパートナーや友達にとって大きな力になるかもしれません。あなたがそばにいること、それ自体が大切。人はひとりじゃないと気づくことで、勇気や希望が湧くものです。

Rethink your mornings.

10

Rethink your mornings.

朝を見直そう

バタバタと慌ただしい朝。やらなきゃいけないとわかっていることを、運命に逆らうかのようにぎりぎりまで引き延ばす。そんな人は多いものです。先を見越して計画を立てると、自分が楽になるだけでなく、日々のちょっとした贅沢にもなります。朝ほんの10分の余裕があるだけで、ゆったりした気持ちで新たな一日を迎える心の準備ができるのです。前の晩に着る服を選び、コーヒーメーカーをセットしておく。そのほうがいいと思いませんか？

Evil
eye is
staring
at me.

11

Evil eye is staring at me.

怖い人がにらんでいる

怖いのは、だれの声？　だれの視線？　いちばんきつい批判をぶつけてくるのは、じつは自分自身だったということが多いものです。厳しい言葉が心の中で響きます。「おまえが成功するわけがない。調子に乗るな」。自分ばかり見つめていると、自信や自尊心が壊れてメンタルが弱くなりがち。自分の中から聞こえてくる言葉は、自分の本心でしょうか？　厳しい自己批判はやめて、自信を取り戻すことを考えてみましょう。しみついた習慣を変えるのは難しいものですが、ぜひトライしてください。自分ばかりではなく、まわりの人や環境に目を向けましょう。そして自分にやさしくしてみる。心の声が「きみならできるよ！」と言ってくれるように。

I want to
break all the
mirrors in the world.

12

I want to break all the mirrors in the world.

世界中の鏡を割ってやる

離婚や大切な人の死など人生の大事件を経験したときや、熱中して燃え尽きたあとなどに、強烈な精神的苦痛が訪れることがあります。無力感や絶望に苛まれるうちに、感情が麻痺したり、怒りとして表に出てきたりします。やがて、まわりの人たちがその張りつめた空気に耐えられなくなり、人間関係が悪化し、衝突が増える……。このタイミングで気づくことが重要です。こうなった原因は何だったのか？と。専門家に相談するというと大げさに聞こえるかもしれませんが、結局はそれが近道かもしれません。

Truce?

13

Truce?

休戦協定？

自分と休戦協定を結んでみませんか？　そんなに自分に厳しくしないで、温かい目で鏡の中の自分を見てみましょう。たとえ割れた鏡でも。そして、自分にもう少しやさしくなれないか、自己嫌悪と自己否定のスパイラルから抜け出せないか、考えてみてください。もしかしたら、仕事のストレスが休日のおかしな行動につながっているのでは？　休みが足りないせいで自己嫌悪に陥っているのでは？スッキリした気分になれるよう日常生活をほんのちょっと変えてみては？　リフレッシュのために自由時間になにかしてみては？

I am
still
valuable.

14

I am still valuable.

それでも自分には価値がある

短期長期を問わず失業しているときは、自尊心と自信を持ち続けることが大切です。時間の制約がなくても、自分に合った毎日のルーティンをきちんと作るといいでしょう。たとえば、起きる時間を決める。定期的に運動する。それだけでも生活のリズムができます。自由な時間が多いというメリットを活かして、自分のキャリアについて再考するのもいいでしょう。危機が新たな機会を産むこともあります。ポジティブな態度を崩さず、機会が訪れるのを信じるのです。いい仕事がないからといって、ふてくされたり、自分を責めたりしてはだめ。そんなときだからこそ、人生を見直し、新たなスキルを身につけて。

I'm ready for the challenges!

15

I'm ready for the challenges!

チャレンジしたい！

同じことのくり返しはつまらないもの。毎日が単調だと、仕事が退屈になってしまいます。必要なのは、適度な障害と目指すべきゴール。ポジティブでやる気のある人は新たなチャレンジを待っています。だれもが成功して信頼を得る体験を必要としているのです。

Let's not forget the most important.

16

Let's not forget the most important.

いちばん大切な人を忘れないで

パートナーとのいい関係は、日常生活の中で作られます。ふたりの朝のやりとりが尾を引いて、職場での自分に影響することも。パートナーには朝からきちんと思いやりと愛情を示しましょう。いってらっしゃいのキスや朝のハグが一日のエネルギー源になることもあれば、朝のささいな口論が雪だるま式にふくれあがって仕事上の大失敗につながることもあるのです。

Enjoy the morning air.

17

Enjoy the morning air.

朝の空気を味わおう

美しいものは、意識して見ようとしなければ見えません。朝日の美しさに感激したのはいつ？　職場への道に木はある？　葉を茂らせ、花を咲かせ、秋には紅葉する美しい木に気づいていた？
子どもは驚くほどまわりを細かく見ているものですが、大人もときにはスマホから目を離すべき。自分の意思で今ここにいる、そう思えることが大事なのです。日常の風景に目を向け、その美しさを楽しみましょう。

Good morning!
You can start.
I'm on my way!

18

Good morning! You can start. I'm on my way!

先に始めてください、あとから行きます！

職場では効率が求められますが、個人個人のペースはそれぞれ違って、みんなが朝から同じ勢いで動き出せるわけではありません。もちろん毎日遅刻するのは許されませんが、本人が努力しているなら、ときには個人的な問題を多目に見てあげることも大事です。職場がオープンで寛大な雰囲気なら、弱みや問題を打ち明けやすくなり、まわりの力を借りてうまい解決法を見つけられるものです。

The Selection of Morning passions

Diary

Poems

Jazz

Knitting

19

The Selection of Morning passions.

朝の趣味は？

朝の気分は一日の流れに影響します。職場まで15分の人も、1時間半の人も、通勤時間は自分の好きなことに使いましょう。詩集を読むのが好き？　編み物をしていると気持ちが落ち着く？　趣味に当てる時間は仕事のあととは限りません。朝のルーティンに組み込んでしまえばいいのです。心豊かな朝は、難問だらけの一日に立ち向かう余裕をくれるもの。逆に朝からストレスが多いと、一日が始まる前から集中力がそがれてしまいます。平日のどんよりした朝、電車の中でお気に入りの曲を聞いてみては？

There are so many reasons to be thankful.

20

There are so many reasons to be thankful.

感謝すべきことはいくらでもある

幸せは失いかけて初めて気づくもの。目には見えません。当然のことに感謝し、いつもそばにあるものに喜びを感じるのは、難しいことです。失業しそうになったり、病気になったり、そんな挫折を味わって初めて、平凡な毎日がすばらしいと感じるのです。過ぎ去った平凡な日々を恋しく思うときが、やがて来るかもしれません。なにごともなく過ごせることを幸せに思い、感謝してみませんか？

True hope needs action.

21

True hope needs action.

希望に向けて行動を①

自分の価値観に沿ったライフスタイルは心の潤滑剤になり、仕事上でも他の分野でもクリエイティブでポジティブなエネルギーを生み出します。
大がかりな行動でなくても意味はあります。たとえば、地球温暖化を食い止めたいと思うなら、自転車で通勤する。ランチにはベジタリアンプレートを選ぶ。紙に印刷する回数を減らす。そんな小さな選択の積み重ねが地球にやさしい暮らし方につながります。

True hope
needs
action
MY
MUG

22

True hope needs action.

希望に向けて行動を②

面倒くさがったり、皮肉を言ったりせず、希望を捨てずに行動しましょう。いつも自分の良心に従っていれば、正しいことができるはず。どんなに小さなことでもいいのです。たとえば、使い捨ての紙コップは断って、持参したカップにコーヒーを入れてもらう。そんな毎日のささいな行動が積み重なれば大きな流れになり、世界を変える力になっていくものです。

Monday
morning
fever

23

Monday morning fever

月曜の朝から元気だね……

朝が得意な人もいれば、苦手な人もいます。エンジンがかかるまでに要する時間は人それぞれ。朝から元気でノリノリの同僚がうるさくても、気にしないで。こちらはあとから頭が冴えて調子づいてくるのですから。早起きさんの勢いにゲンナリしないで聞き役にまわりましょう。職場は、いろんな人がいるからこそ豊かなコミュニティになるのです。

At work

仕事の時間

The canvas is ready, time to create a masterpiece.

24

The canvas is ready, time to create a masterpiece.

傑作を描くキャンバスは用意できた

芸術家ならよく知っていることですが、インスピレーションが湧くのを待ってぼんやりしていても、なにも起きません。インスピレーションは仕事をしているうちに湧いてくるもの。とりあえず動き始めましょう。計画を細かく区切って片づけていけば、ひと仕事した気分になれます。まずはデスクまわりを掃除して仕事の環境を整えましょう。仕事を始めるときの頭の中は、まっさらなキャンバスのようなものです。白いキャンバスを前にして恐れることはありません。自分の持つすばらしい力を信じて！

Put your troubles aside for a moment.

25

Put your troubles aside for a moment.

悲しみはちょっと置いておいて

プライベートでのつらい出来事が仕事中も重く心にのしかかることがあります。人間はスイッチひとつで気持ちを切り替えられる機械ではないから、それは当然のこと。仕事中に感情の揺れが起きてもいいのです。仕事は気持ちの整理に役立つ面がいろいろあります。たとえば、近しい人を亡くした人が、仕事中は他に考えることがあるおかげで頭の中をぐるぐるまわる重い感情から離れられたりします。また同僚からのサポートは、悲しみを抱えているときなど人生の難しい場面でとても助かるものです。

First day, I'm prepared.
I'm the best version of myself.

26

First day, I'm prepared. I'm the best version of myself.
新しい職場での初日。最高の自分を見せたい

新しい職場に行く初日はワクワク、ソワソワ。新たなことに向き合う前に緊張するのは当然です。もし仕事内容や人間関係にすぐになじめなくても、焦りは禁物。自分は役立つ人材だから採用されたということを忘れないで。たった一日でショックを受けて早まった決断をしてはいけません。絶対に自分を責めないこと。大事なのは、新たな経験を思いきり楽しむことです。

#! deadlines,
your days are numbered!

27

☠☆🌀🔫➰#🔪 deadlines, your days are numbered!

☠☆🌀🔫➰#🔪 期限が！ 日にちが足りない！

終わらない仕事が漠然とした大きなかたまりのようで、圧倒されてしまうことはありませんか？　そんなときは、これからやる仕事内容と所要時間がわかるリストを作ってみましょう。仕事というのは終えるより始めるほうが難しいものですが、リストがあれば着手しやすくなります。ポジティブな攻めの姿勢や、よい意味での怒りは、ゴールへと突き進むための起爆剤になることでしょう。

Find your voice!
NO!

28

Find your voice!
ちゃんと声をあげよう！

職場には声の大きい人も小さい人もいます。やさしい声の人も、きつい声の人もいます。自分の声を聞いてもらえない、自分の言葉に力がないと感じるのはつらいもの。勇気を出して自分なりの一歩を踏み出しましょう。口を開いて、思いきって考えを述べる。それは、ただひとこと「ノー」だけかもしれません。自分の良心の声に従い、必要に応じてきちんと境界線を引きましょう。

Good communication is a two-way street.

29

Good communication is a two-way street.

いいコミュニケーションは双方向道路

双方向の会話がうまくいくのは職場の雰囲気がいい証拠。オープンで寛容な空気なら、考えや気持ちがきちんとまとまっていなくても、とりあえず話してみることができます。そんなときは自分の意見を伝えることばかりに必死にならず、相手の話もしっかり聞いて。対話の成功には両者の力が必要です。意見交換がうまくいけば、特別なコンビになれるのです。

Hmm. It's not exactly what we wanted.
Ouch!
Ok, I'll fix it!

30

Hmm. It's not exactly what we wanted. / OK, I'll fix it!
うーむ、われわれの希望と少し違いますね／はい、直します！

批判的なフィードバックをうまく受け止めるのは、プロの技のひとつ。人は失敗から学ぶこともあります。最善を尽くしても、いい反応が返ってくるとは限らないのです。ダメ出しされると、その瞬間はプロとしての自信が傷つくかもしれません。けれど、それはだれもが経験すること。否定されているのは人格ではなく仕事の出来です。否定的な意見をしっかり受け止めることが、ノウハウの蓄積につながります。

Let's all count to ten
—and then we'll talk.

31

Let's all count to ten – and then we'll talk.

みんな、10数えて。それから話そう

どんな人間関係においても、意見の食い違いは起きるもの。何度も話が行きづまると、メンバーの中で役割が決まってくるものです。挑発する人、怒る人、仲裁する人、困って黙りこむ人――さて、あなたはどのタイプ？　くり返し口論になるなら、背景に根深いものがあるのではないでしょうか？　本当は表面化しているものではなく、なにか別の問題について考えが食い違っているのでは？　いったん落ち着いて冷静になれば、根っこにある原因に気づき、過剰な言い争いを避けられるかもしれません。

Let's deconstruct this tension!

32

Let's deconstruct this tension!

この緊張感を何とかしなくちゃ！

職場の張りつめた空気は、すぐにさまざまな問題として表に現れるものです。早いうちに手を打たないと、受動的攻撃行動（不機嫌な態度などで間接的に怒りを表すこと）を取る人が増えかねません。自分に直接関係ないことには立ち入らずに沈黙を守るのがいいと思われがちですが、それでは問題が蓄積されていくばかり。話を蒸し返したり仲裁に入ったりするのは面倒なようでも、その結果、職場の空気がよくなれば、自分にもプラスになるのです。

All parts are needed.

33

All parts are needed.

すべてのパーツが必要

職場のコミュニティは、人体のようにさまざまなパーツの組み合わせで成り立っています。全体がうまく機能するためには、各自のスキルが欠かせません。目立つ行動も、目立たない行動も同じように重要です。メンバーの小さな貢献も言葉に出して認めましょう。小さな行動なくしては、大きな目標は達成できないのですから。

There are too many
question marks in the air.

34

There are too many question marks in the air.
クエスチョンマークだらけ

1対1でのミーティング。他人との関わり方が下手な同士だったり、ふたりの性格や表現方法がかけ離れていたり、互いにびくびくして対立を避けようとしていたりすると、まわりはクエスチョンマークがいっぱいの重たい空気になります。でも、最終的なゴールはふたりで解決法を見出すこと。そのためには相手の意見を聞き、理解し、共感するしかありません。結局、ベストな解決法は言葉にできずに頭の中に隠れていたアイデアだったりすることも。相手の言うことがよくわからなくても、詳しく話を聞いてみてはどうでしょう？

We took a chance and look at us now!

35

We took a chance and look at us now!

さあ、落ち着いて話し合いましょう！

誤解や偏見はコミュニケーションの大きな落とし穴になることがあります。それぞれに自分の立場があり、複雑な話題を立場の違う相手と面と向かって話すのは難しいもの。けれど、ぎくしゃくしたまま時間が経過すると、ますます和解しにくくなります。複雑な話題に触れるのを恐れないで。落ち着いた雰囲気を作って話し合いましょう。反対意見もしっかり聞くこと。そして、自分の主張は穏やかに話すこと。それが解決への勇気ある第一歩です。

Excuse me, but
we have
a real-life
situation
here.

36

Excuse me, but we have a real-life situation here.

おいおい、遊んでる場合じゃないよ

仕事中によそ見はいけません。集中することは、モチベーション向上や成功につながるし、仕事をうまく進めるための前提条件です。雇われているということは、自分の時間を差しだす約束をしたということでもあります。それなのに、就業時間中にスマホを片手にソーシャルメディアに夢中になるようでは困ります。スマホは自由時間に。仕事をきちんと終わらせてから楽しめば、オフの時間が有意義に感じられるはず。働いたからこそ得られる自由な時間を味わいましょう。

Our differences
are our strengths.

37

Our differences are our strengths.

違いこそが強み

職場にはさまざまなタイプの人が必要です。この仕事にはこんなタイプの人が向いている、という傾向はありますが、多種多様なメンバーがオープンに向き合うことで、全体がうまくいくものです。メンバー各自が自分らしく輝けることが大事。そんな組織を作れる優秀なリーダーがいれば、最高の結果が生まれるでしょう。利益を追求するばかりではなく、多様性という豊かさを大切に。

we all
play
an important
role.
BOSS

38

We all play an important role.

それぞれ大事な役割がある

上司、部下、という言葉は立場を強調しすぎています。人間に上も下もありません。業務内容は各自違っても、ひとりひとりが自尊心を持って仕事に取り組める環境が理想です。プロとしてのプライドは肩書きや給料ではなく、本人の価値で決まります。本当に大事なことは外見だけではわからないもの。人にはそれぞれに重要な役割があり、だれもが尊重されるべき存在なのです。

without you
I'm nothing.

39

Without you I'm nothing.

あなたたちが必要です

すぐれたリーダーは自身の感情のコントロールが得意です。そして、組織とは性格もニーズも生活環境も違うメンバーで成り立っていて、自分もその一員だと自覚しています。トップの座にあぐらをかいたりせず、メンバーひとりひとりの小さな貢献をしっかり見ています。権力を振りかざし、他人のせいにして責任逃れをするのは簡単ですが、全員が働きやすい環境を作るには、ひとりひとりを心から認め、信頼し、声に耳を傾けることが必要なのです。謙虚さは、精神的な強みになります。

We create balance together.

connection

40

We create balance together.

バランスの取れた関係

職場はさまざまな人間関係の組み合わせで成り立っています。遠い関係も親しい関係もあります。共通の部分がすぐに見つかる相手もいれば、同じ言語を使っているとは思えないほどわかり合えない相手もいるでしょう。けれど、相手の話をよく聞くことと、友好的かつ明確に発言することで、どんな相手との関係もよくなるはず。逆に、自分の意見ばかり押しつけて相手の話を軽視すれば、関係はぎくしゃくしていきます。どんな相手との出会いでも、強いつながりを築く新たなチャンスです。

I'm full of untold stories.

41

I'm full of untold stories.

いろんなことがあったものだ

人はだれでも自分だけのストーリーを持っています。引退の時期が近づくと、自分の人生やキャリアを振り返るようになりますが、残念ながら貴重な体験や人生の教訓を人に話す機会はあまりありません。職場の若い後輩たちには、ぜひとも年長者の話を聞いてほしいものです。さまざまな経験を積み重ねてきた人の話からは大きな収穫があるはず。

職場や友人グループにさまざまな年齢層の人がいるのはすばらしいことです。自分と年の離れた人たちと話す機会はとても大切なもの。若い人たちは経験豊富な年長者の知恵をもっと吸収しましょう。幅広い年齢層の人たちと定期的に会うことは、だれにとっても楽しく忘れがたい機会になります。

Dare to care

42

Dare to care.

思いきって声をかけてみる

相手の様子が気になっても、なかなか勇気が出せなくて、他人のプライバシーは尊重するべき、人ごとに首を突っこまないほうがいい、と片づけてしまいがちです。でも、大丈夫か声をかけてみるのが本当のやさしさというもの。他人に干渉するのは勇気がいるし、責任も伴います。事情を話してくれる人もいれば、殻に閉じこもる人もいるでしょう。けれど多くの人は、だれかが声をかけてくれるのを密かに待っているのです。思いきってたずねてみることで、デリケートな問題について話し合えるようになり、職場の雰囲気も改善するでしょう。

If you want to talk, I'm here.

43

If you want to talk, I'm here.

よかったら、ぼくに話して

職場の同僚同士は互いの生活を特別に近い場所から見ていますが、プライベートな悩みを打ち明けるのは、相手の重荷になるように思えて遠慮しがちです。同僚が不安や悲しみを抱えているように見えたら、大丈夫か、なにかしてほしいことはないか、たずねてみましょう。話したければ聞くよと声をかけるのは、決して出過ぎたことではありません。だれにでもできるのは、心配していることをさりげなく伝え、話しやすい雰囲気を作ることです。

It's ok to
feel blue.

44

It's ok to feel blue.

落ちこんでいてもいいんだよ

身体の病気なら仕事を休むのに、心の不調では休めない？　いいえ、今は勤務形態がフレキシブルな時代です。医師の診断書なしでもメンタルヘルスを理由に数日の休みを取得できるようになるべきです。疲れたときには「自分を取り戻すために二日ほど休みが必要です」などと申請して休み、元気になったら罪悪感や劣等感なしに職場復帰すればいいのです。

また、上司が従業員のメンタルヘルスについて気になったら、気軽に声をかけられるような雰囲気も必要です。もしメンタルに問題が生じていれば、在宅ワークにする、ストレスの少ない部署へ移る、などの選択肢を提示することもできます。

I want to stay here until the working day is over.

95

I want to stay here until the working day is over.
就業時間が終わるまでこもっていたい

疲れてるんじゃない？　その疲労の背景になにがあるか、自分に問いかけてみましょう。重荷から目をそむけないで。疲労は恥じるものではありません。あなたには上司や同僚、ヘルスケアのスタッフに相談する権利があります。休みを取ってゆったり過ごしたのはいつだったか思い出せますか？
環境や人間関係に対して普通よりデリケートな人もいます。そういう人は疲労回復のために、ゆっくり休めるスペースと時間が普通以上に必要なのです。

Never
mind
the little
things.

46

Never mind the little things.

小さいことは気にしない

だれでも日々の生活の中で挫折を味わうことがあります。どれだけ注意しても失敗は避けられません。それは仕事上でも同じこと。しかたがないのです。失敗したときの自分の反応を見直してみましょう。体も心も強いストレスにさらされて立ち直れない状態になっていませんか？　自分の努力で変えられることもありますが、落としたアイスクリームが溶けていくのを眺めているしかない場合もあるのです。そんなときは深呼吸をして、汚れを拭き、新しいアイスクリームを買いましょう。今度は落とさないように気をつけて。

Here we
go again...

47

Here we go again…

また、あいつばっかり……

同僚の成功を見て苛立つのはやめて、自分にもいい刺激になると考えてみてはどうでしょう？　苛立ちの感情を、自分を映し出す鏡だと仮定してみましょう。自分が苛立つのは、どんな相手？　それは将来の不安があるせい？
注目を集めてキャリアの階段をかけ上がる人もいますが、目立たないところでコツコツ地道に重要な仕事を続ける人もいます。認められるための仕事のしかたは人それぞれ。あなたがほしいのは人の視線？　それとも中身のある仕事ですか？

Land of Envy
Land of bitterness
Land of Opportunities

48

Land of Envy / Land of bitterness / Land of Opportunities

嫉妬の国／苦悩の国／チャンスの国

嫉妬心は他人に打ち明けにくいものですが、自分の中の嫉妬の声に耳を傾ければ、なにかに気づくものです。思いやりをもって、穏やかに前向きに、その嫉妬の意味を分析しましょう。自分の能力が理解されていない？　人から注目されない？　自分に価値がないように感じてしまう？　嫉妬に自分の感情や行動を支配されてはいけません。他人の幸せを喜べるというのは、見過ごされがちですが大切なスキルのひとつです。

Enough
of despair,
let's
act
now.

49

Enough of despair, let's act now.

絶望してないで動き出そう

自分の意見が通らない、自分には影響力がないと感じるのは、だれにとってもつらいもの。長期間、重荷を背負い続けた人は、難しい状況に直面するとあきらめてしまいがちです。職場内のコミュニケーションが少ないと、空気がよどみ、さまざまな問題が起こります。麻痺状態が広まって、それが普通になっていくのです。ネガティブ思考の連鎖は断ち切り、小さくてもなにか行動を起こして、確かな足がかりを作って希望につなげましょう。

Offline
phobia

50

Off line phobia

オフライン恐怖症

職場のメンバーがオンラインのメッセージに対応する頻度について、共通ルールがあればいいのですが、なかなか議論されず、各自の解釈に任せられているケースが多いのが現状です。そのせいで、気になってつねにスマホを手放せない人もいます。メールを受けとってすぐに返信する人が、反応が遅い人と比べて仕事熱心だとか優秀だということはないはず。罪悪感なしにスマホをオフにして、自分が今やっていることに集中できるようにしたいものです。

The fuse is lit, take action now.

51

The fuse is lit, take action now.

火がついてるよ、何とかしなきゃ

最近、燃え尽き症候群という言葉が聞かれるようになりましたが、まだその危険信号は認識されにくく、真剣に扱われていません。限界ぎりぎりまで働くのが美徳だとか、燃え尽きるなんて弱い証拠だという時代遅れの考え方が今も残っています。
敏感な人、つまり自分の感情に正直な人ほど自身の発する危険信号に気づきやすく、深刻な疲労を避けられると考えてみてはどうでしょう？　従業員の疲労は、働き方に対する職場全体の意識にひそむ問題を教えてくれるのです。

What would YOU do?

52

What would you do?

イジメに気づいたらどうする？

職場でのイジメから目をそむけるのは簡単です。ひと昔前なら、他人ごとに口出しすべきではないとされていました。けれど、まわりが消極的で介入をためらっていると、イジメはいつまでも続きます。隠れたイジメや、端からはイジメに見えないイジメもあります。自分のまわりでなにが起きているか把握できていますか？　自分の良心に従っていますか？　イジメを目撃したら一歩踏み込むことはできますか？

I feel that I've given my all.

53

I feel that I've given my all.

全力でがんばったよ

仕事熱心もほどほどに。仕事にすべてを捧げてしまう性分の人がいます。柔軟な人ほどオンとオフの境界が曖昧になりがち。仕事に情熱を注ぐのはいいことですが、気づかないうちにストレスがたまらないよう注意しましょう。ときには立ち止まって成果を振り返り、達成感を味わって、明日への気力を取り戻しては？

Thank you for your contribution. We wish you all the best.

54

Thank you for your contribution. We wish you a all the best.

お疲れさま。お元気で

従業員の解雇は個人の繊細な問題に関わるため、率直な対話をもって慎重に行われるべきです。単なる数字の問題ではありません。企業側は、解雇の理由をできるかぎり明確に伝える責任があります。また、去る側の従業員は自分を責めたり不満を抱いたりといったネガティブ思考に陥りがちなので、企業側は本人の言い分もしっかり聞くべきでしょう。適切な言葉のやりとりは、ポジティブに進んでいくために関係者すべてにとって重要です。

Should I stay or should I go?

55

Should I stay or should I go?

残るべきか、去るべきか

もういい？　そろそろ新たなチャレンジに向かう時期？　もっと自分の能力を活かせる場所はある？
転職を決断するには、何度も何度も迷い、今の仕事と新しい世界への願望の間で揺れ動くものです。転職は正しい解決法なのか、今の仕事内容を見直すことはできないか、しっかり考えましょう。ただし、仕事に長く不満を感じていて、プライベートにまで悪影響が出ているなら、今の仕事がそんなに大事なのか自問するべき。仕事はもちろん大切ですが、自分らしい有意義な生活を送ることのほうがずっと大事です。

It's time for something new.

56

It's time for something new.

そろそろ新しいことを始めよう

人の働き方は昔とは違います。一本道を歩き続けるようにひとつのキャリアを継続する人は珍しくなり、多くの人が途中で転職したり学生に戻ったりします。長い仕事人生の中では、自分の能力を出し尽くしたと感じる場面もあるでしょう。転職を自然な進化として受け入れることも大切です。会社側に引き止められて、社内で別の業種に異動して変化や新たなモチベーションを得られるケースもあります。

I know my worth!
CV
Me also!
CV

57

I know my worth! / Me also!

ぼくにはできる！／ぼくにも！

比較や競争は仕事において避けられないもの。親しい間柄でも順位がからんでくると、ぎこちない関係になることがあります。いやな思いをしたり、恥をかいたり、自己嫌悪に陥ったりするかもしれません。プレッシャーの下でどう自信を保てばいいか？　自分に言い聞かせましょう。「この仕事は自分にできるはず。向いているはず。できないわけはない」。就職活動などの新たな挑戦は、メンタル面で成長しプロとしての経験を積む機会になり、自分のスキルに自信をつけるチャンスです。

Resilience
whatever
I face,
I keep
on walking.

58

Whatever I face, I keep on walking.

なにが降ってきても、歩き続けるぞ

人間は、テフロンのように耐熱性が高いわけでも、砂糖のように保存性が高いわけでもない、もろい存在です。それでも、さまざまな変化や挫折や危機に自分なりの力で対処していて、その力は「回復力」(resilience)と呼ばれます。回復力には、遺伝的なものや、幼児期に習得するものもありますが、年齢を問わずあらゆる人生経験を通して育っていきます。また、回復力の強い人も弱い人も、新たなスキルを学習することができます。回復力とは、言いかえれば問題を解決する力、楽観的な視野を持って柔軟に対応する力のこと。それをだれもが学び、伸ばしていけると知ることは、心の支えになります。

We always save a seat for you.

59

We always save a seat for you.

きみの席はずっと空けておくよ

メンタルヘルスの話題が職場でどう扱われるか、それは組織の機能性を示す指標になります。メンタルヘルスを理由に休んでいた人が、罪悪感や劣等感を抱いてしまうことがあります。職場復帰するときには、同僚がサポートし、温かく見守ることが大切です。休んでいる期間は仕事がらみの重荷から離れる必要がありますが、同僚から休んでいる人へ思いやりを示す方法はいくらでもあります。調子はどうかたずねてみましょう。職場でメンタルヘルスについて話すのが当然のことになるのが重要です。

Just
trust.

60

Just trust.
信頼して

心配性の人にとっては、仕事も世の中も落とし穴や危険物でいっぱい。自分の仕事の範囲を超えてあれこれ心配し、ポジティブ思考を忘れて悪いほうへ悪いほうへと考えがちです。どんな職業にも不確実な要素はありますが、未来を信じることが大事です。欠点ばかり見つめていないで、自分の能力、組織の力を信じましょう。ネコがいつもうまく足で着地するように、ベストを尽くす人はきっと成功します。

No matter what,
we are always here
for you.

61

No matter what, we are always here for you.

なにがあっても味方だよ

職場のひとりがプライベートで悩みを抱えていると、なにかと気になるものです。つらい思いをしている本人は、みんなが支えてくれる、隠さなくていいと思えれば、ずいぶん楽になります。悩みを胸に秘めて平静を装う必要はありません。信頼できる同僚たち、せめて数人の心を許せる仲間に頼りましょう。仲間の協力で、あなたの悩みが解決することもあります。ともに難問に立ち向かうことで、同僚たちの精神的な絆が強まり、チームの結束が固くなります。

Our paths
are connected

62

Our paths are connected.

道はつながっている

どんな仕事にもそれぞれに価値があり、ゴールがあります。みんな結果や数字だけではなく、世の中に役立っているという実感を求めて働いているもの。そしてその目に見えない実感こそが、本当の仕事の意味です。職場で話し合うことによって、価値観について理解を深めることができます。みんなそれぞれ個性的でも、ひとつの大きな集団として歩んでいます。共有の価値観があれば、すばらしい結果に結びつくことでしょう。

Our home, our responsibility

63

Our home, our responsibility

わたしたちの地球

ビジネスがグローバル化するにつれて、企業は地球の未来に対して責任を負うことになります。個々の行動が全体の流れにどう影響するか、それは人類が今抱えている大きなテーマのひとつ。企業のエシカルな選択は、組織の雰囲気にも影響します。企業が個々のメンバーの価値観を大切にしているか、それとも利益ばかりを追求しているのか。企業の方針がメンバーの価値観に沿っているほど、結束が固くなり、よい結果が得られるものです。

Employee
under
mainte-
nance

64

Employee under maintenance.

ただいまメンテナンス中

どんな職業にもそれなりのストレスがあり、アスリートに休息が必要なように、頭を使う仕事の人にもリカバリータイムが必要です。賢く休みを取る人は、効率のいい仕事の仕方を知っている人。疲れているとミスが多くなり、集中しにくくなります。休息は贅沢でも怠惰でもなく、必要不可欠なもの。リラックスするためのスペースや短い昼寝をする場所を設けている職場もあるほどです。

I sparkle!

65

I sparkle!

ぼくは輝ける！

自分自身の力をきちんと認めている人は少ないもの。みんな前進することばかり考えて、もがいています。でも仕事のモチベーションを維持するには、立ち止まって達成感を味わうことも必要です。プロジェクトがひとつ完成するごとに喜びましょう。なにかを成し遂げて成功体験を得ることが、次の努力につながるのです。自分に向けた「ありがとう」の言葉は最高のごほうびです。

If you look more closely,
you will see all the great things
about me.

66

If you look more closely, you will see all the great things about me.
もっとちゃんと見てくれたら、ぼくの長所もわかるのに

診断された病名と人格は別物です。メンタルの状態は人それぞれ違うし、時期によっても変わるもの。だから、病名も含めて相手のありのままの姿を個性として尊重しましょう。従業員のメンタルヘルスの問題にどう向き合うか決まっていない企業もありますが、きちんと議論できる慣習を作っていく必要があります。
あなたは同僚をありのままで受け入れていますか？

BIPOLAR［双極性障害］／ANOREXIA［拒食症］／DEPRESSION［うつ］／ANXIETY［不安症］

仕事のあと

Just
let it
settle

67

Just let it settle.
クールダウンが大切

仕事中は緊張感がつきまとうものですが、職場を離れても緊張が解けないとしたら、ストレスは深刻です。家に帰っても仕事のことが頭から離れないのが日常になってしまったら、なにか手を打たなければなりません。自由時間には、仕事を忘れて友人や家族やパートナーと過ごしたり、自分自身のリフレッシュのためにゆっくり休んだりすることが大切です。ストレスの原因は何なのか、考えてみましょう。職場に問題があるのか？　仕事量が多すぎるのか？　休息は足りているか？　仕事以外の時間はどう過ごしているか？
仕事が終わってから帰宅までの時間の使い方も大切です。クールダウンのためになにをすればいいでしょうか？　深呼吸をする、歩いて帰る、カフェに立ち寄る、美術館でアートに触れてみる――。

What will I
take with me,
what will I
leave behind?

68

What will I take with me, what will I leave behind?

なにを残して、なにを手放す？

転職は自分を見つめ直すいい機会なのに、今までの仕事から学んだことについて立ち止まって考える人は少ないものです。自分が余計な重い荷物を背負っていないか、定期的にチェックするのはいいことです。手放せるものはなにか？　残すべきものはなにか？　今までの仕事を振り返り、これからどんな働き方をしたいか考えてみましょう。将来の目標を定めてから、実現するためになにが必要か考えるのもいいことです。今から手放そうとしているものに対して感謝の気持ちはありますか？　今はこれまでの経験にいやな思いしかないとしても、いつか自分がそこから学んだものに気づくかもしれません。

Can I buy my happiness?

69

Can I buy my happiness?
幸せはお金で買える？

目標をクリアしたときに自分へのごほうびを買うのは、決して悪いことではありません。けれど、その回数が多くなると、ごほうびの価値は色あせていきます。また、買い物に歯止めが効かなくなると、やがて金銭面で困ることになるでしょう。幸せは外から見えるものではありません。服や物は幸せを支えるひとつの要素に過ぎません。一時的な高揚感と、すべてを包み込むような長期的な幸せの違いに気づきましょう。本当の幸せをもたらすのは、お金でしょうか？

Healthy eating habits support mental health.

70

Healthy eating habits support mental health.

健康的な食生活はメンタルヘルスにも大事だよ

なにが体によくてなにが体に悪いか。なにをどれだけ食べるべきなのか。知識だけはあっても、なかなか実践できない人が多いのでは？体にいいことを習慣にするのは意外と大変で、知識と感情が一致しないと、なかなか古い習慣は変えられません。おいしいものを食べるのは幸せですが、気になるのはカロリー。体にいい食生活について人に語っておきながら、自分のことになると……という人も多いものです。

I'm not
perfect.

71

I'm not perfect.
いつもパーフェクトではいられない

ときには自分を甘やかして気楽に過ごすのも悪くありません。つねに完璧でいる必要はなく、大切なのは大まかな全体像です。実際、自分の理想どおりに完璧な生活ができる人などいないでしょう。価値観と実際の行動に若干の矛盾があるのが人間というもの。自分にやさしくなりましょう。でも、悪い習慣をダラダラと続けていると後悔することになるので要注意！

Upgrade your afterwork

72

Upgrade your after work.

アフターワークの過ごし方をアップグレードしよう

仕事終わりに気の合う同僚とドリンク片手に雑談をするのはいいものです。そんなときは、ついついビールやワインを飲み過ぎてしまいがち。アルコールは眠りの質を落とし、回復を妨げ、翌日に疲労を残します。人との交流は健康的な行為ですが、ドリンクはぜひノンアルコールで。ジョギングしながらおしゃべりするのもいいものです。運動は心と体のバランスを保つには最高です。文化的な活動は心の健康にとって最良の薬になるし、趣味を通して気の合う人たちと知り合うこともできます。個性を発揮して、リラックスできて心身の健康にいいことを始めてみましょう。

Afterwork
berserk therapy
6

73

Afterwork berserk therapy.

仕事終わりの筋トレ・セラピー

仕事中はほとんど体を動かさず、じっと座ったまま頭だけ使う人も多いのでは？　仕事が終わったら、場所を変えてバランスを取り戻しましょう。別世界でリフレッシュして、エネルギーをチャージ。多くの人は体を使ってなにかをしたいという本能的な欲求を持っていて、肉体的チャレンジを必要としているといわれます。ウエイトリフティングなどのスポーツは、体にいいだけではなく、仕事とは別の分野の脳を使います。仕事の成果が曖昧で実感しにくい場合、ウエイトリフティングで新鮮な達成感を得てバランスを取るのはどうでしょうか。

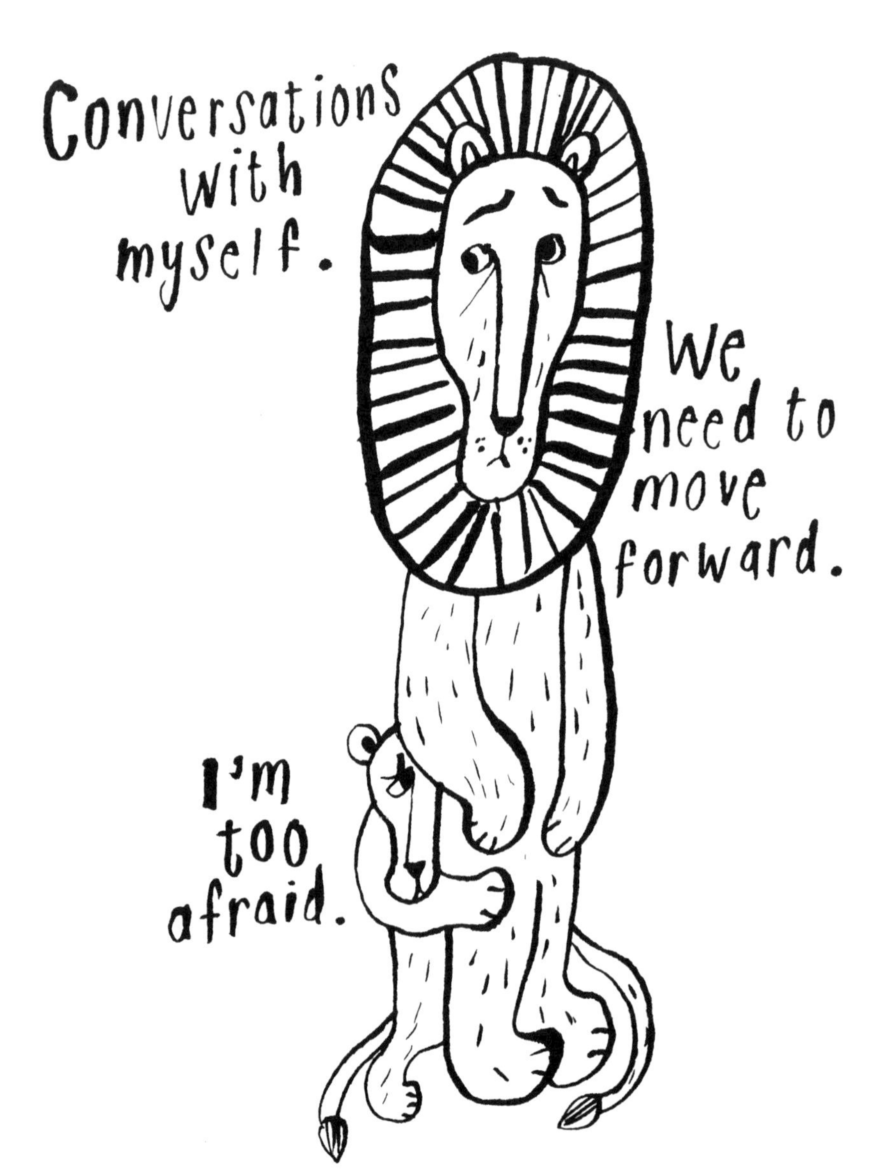
Conversations with myself.
We need to move forward.
I'm too afraid.

74

Conversations with myself.
We need to move forward. / I'm too afraid.

自問自答①　前に進まなきゃ／でも怖いよ

プライベートで大きな悩みを抱えていても、仕事中はそれを胸の奥に押しやって仕事に集中する人が多いもの。けれど仕事が終われば、また悩みごとで頭がいっぱいになり、家に帰るのが怖くなります。家で待つ人がいなければ、果てしない孤独が広がるでしょう。
仕事中に遠ざけていた悩みと向き合い、自分の不安や疑問を見つめるのは難しいことかもしれません。けれど、悩みは自然に消えてはくれません。心の平穏を取り戻すには、しっかりと向き合うこと。といっても、ひとりで抱え込むことはありません。身近な人に話せなければ、専門家の助けを求めることもできます。悩みをごまかすために、いつも忙しく行動し、趣味やパーティーに逃避する人もいますが、いつかは向き合わなければならないときが来ます。まずは立ち向かいましょう。どんな悩みごとでも何とかなります。

Conversations with myself

75

Conversations with myself.　Hush now! / But…

自問自答②　静かに！／でも……

自分自身との対話が難しいと感じたらどうしますか？　自分を黙らせて、頭の中にある考えを追い出そうとする人は多いもの。でも心は正直で、いくら遠ざけようとしても、ついつい思い出してしまいます。難問にどう向き合うかは人それぞれ。怒りや苛立ちの裏に、不安や恐怖心などほかの根深い感情が隠れていることはよくあります。怒りとして表に出すことは簡単で、自分が強くなったような気になりますが、それでは現実から目をそむけてしまうことに。
怒っていると、親身になってくれる人が少なくなります。苛立っている人の内心を察して「どうしたの？」と問いかけるのは、よっぽど自身の感情をコントロールできる人でなければ難しいからです。ただ、感情をコントロールするスキルは学習することができます。自分自身に対して同じ問いかけをしてみましょう。「どうしたの？話してみて」と。

When
we
do it
together,
we'll
succeed.

76

When we do it together, we'll succeed.
心の声といっしょに立ち向かおう

心の声に従って不安に立ち向かってみると、新たな発見があり、人として成長できるものです。そして、自分自身との対話が生まれるでしょう。たとえば、こんなふうに。「がんばったね。今日はもういいよ。胸の奥の不安に向き合ってみたら、昔、失敗した経験が尾を引いてるせいだとわかったんだ。今日は休んで、明日またチャレンジしよう」。

This too shall pass.

77

This too shall pass.

このくらい平気

子どもを持つと，分刻みのスケジュールで自分の生活が埋め尽くされて、忍耐力が試されているとしか思えなくなることがあります。子どもは疲れている。自分も疲れている。どちらも早く家に帰り着きたい。そんなとき、大人が自分の気持ちを落ち着かせることで、子どもの気持ちも落ち着くものです。子どもには不安しか感じられない場面でも、大人なら人生経験を通して、このくらい大丈夫だと思えるのです。

Seize
the moment

78

Seize the moment.

空気を読んでよ

平日の風景——食事はまだできてない。みんな疲れてお腹をすかせている。子どもは泣きわめき、大人は皮肉を言い合う。これが沸点に達して喧嘩に発展しないように、気持ちを鎮めて20まで数え、深呼吸をしましょう。日常生活をうまくやっていくためには、客観的に状況を見ることです。おいしいものを食べて、みんなの気持ちが落ち着けば、明るい家庭に戻るのだから。

Let's make this ride
as smooth as possible.

79

Let's make this ride as smooth as possible.

ジェットコースターもなるべくスムーズに

仕事と育児に追われる生活は、まさにジェットコースターのよう。仕事が終わって家に帰ると、耳の奥ではまだ上司の言葉が響いているのに、目の前で子どもたちがギャーギャーわめいています。この目まぐるしいスピード感から逃れることはできません。でも、すべてをパーフェクトにこなそうなんて思わないで。何とか進んでいければじゅうぶんです。たまには遠くから自分の暮らしを眺めて、そのジェットコースターのすばらしさを目に焼きつけましょう。
ときどきお腹の底からゾクゾクする怖さがこみあげてくるかもしれませんが、ぜったいに落ちないと信じていれば、激しいアップダウンも平気なものです。

Into your arms.

80

Into your arms.

あなたの腕に

愛する人にもうすぐ会えるという思いがあれば、つらいラッシュアワーの通勤もやり過ごせるもの。恋人からの短いメッセージが、仕事に疲れた人の帰宅時間を支えてくれることもあります。大切な場所があるのを思い出すことで、渋滞の列や満員電車にも耐えられるのです。
家で待つ人がいなくても、心豊かで楽しい生活を送ることはできます。また、長い人生にはいろいろなことが起こり、ときには仕事と育児の両立が大変でパートナーと気持ちが離れてしまうこともあります。そんなときは、いちばん忙しい時期が終わればまたパートナーの腕の中に戻れる日が来ることを忘れないでください。

Wish you were here.

81

Wish you were here.

いっしょにいるのに

ふたりの自由時間をどう過ごすか、お互いの気持ちが合わないことがあります。片方は会えるのをずっと待っていたのに、もう片方は仕事のあとにひとりで考えごとをする時間がほしいと思っていた、というように。一日働いたあとに、スマホをチェックしたい気持ちはわかります。けれど、相手がいっしょに記念日を祝おうと考えていたとしたら、あなたがよそを向いていたら傷つくのでは？　なにをしたいかお互いに伝え合って、時間の使い方を決めてからなら、スマホも OK。自分の希望を声に出して言うことでトラブルを減らせるものです。ふたりでいるためには、コミュニケーションと細やかな気配りが必要です。

How was your day?

82

How was your day?
今日はどうだった？

一日の仕事を終えて愛する人に再会するのは、心のふるさとに帰るようなもの。とても素敵な時間です。家に帰ると、愛情とやさしさに包まれて元気が湧いてきます。たとえたった半日離れていただけでも、この瞬間は大事にして。仕事のことがなかなか頭から離れなくても、まずは気持ちを切り替えましょう。日々の家事が待ち受けていても、料理に取りかかる前にパートナーとふたりの時間を取ると決めておくのもいいことです。ふたりとも、お互いの一日の出来事や今の気分を話し合う時間と空間が必要なのです。

自分の時間

Our space
has room
for both of us.

83

Our space has room for both of us.

このスペースはふたりのもの

仕事を終えてくつろぐ夜の時間はいいものです。そんなとき、みんな自分だけのスペースがほしくなります。多くのカップルにとって、スペースを共有するには工夫が必要です。といっても自分のやりたいことをあきらめることはありません。調整すればいいのです。
なにもせずに同じスペースにいるのは意外と難しいというカップルが多いのですが、いっしょにいてもそれぞれが自分の時間を過ごせるはず。同じ部屋で並んでいても、別々の部屋にいても。見えない心の糸がふたりをつないでいます。いっしょに生活するためには、お互いのニーズのバランスを取り、相手のしたいことを尊重するのが大切です。

The eagle has landed.
PIZZA

84

The eagle has landed.
ワシが舞い降りたら

仕事に全エネルギーを注ぎ込んでしまい、自宅がゴミ屋敷のようになってしまう人がいます。自宅の混乱した風景はその人の心を映し出しています。休みの日も自分の身のまわりのことはせず、人の世話を焼いて終わってしまうのでしょう。友だちが困難に直面している、大切な人が支えを必要としている、何とかしてあげなくちゃ、と。境界線を引くのが苦手な人は、仕事にすべてを費やしたり、まわりの人に尽くしたりして、自分の時間を失いがちです。時間と体力は有限です。自分の生活になにが必要かを見直し、優先順位をつけましょう。人づき合いや仕事に割く時間を減らすことに良心の呵責を覚えることはありません。人の役に立つ存在になるためにも、なにより大事なのは、まず自分で自分のことをしっかりやることです。

Good to hear from you!

85

Good to hear from you!

声が聞けてうれしいよ！

友情は人生の中で大切なもののひとつ。友達との関係はいつまでも続けることができます。遠く離れた友達でも、声を聞いたりビデオ通話で顔を見たりすると、うれしいものです。自分の経験や日々の生活についておしゃべりすることで、お互いの力になることもできます。友達はあなたについて本人以上によく知っているものです。良くないことは良くないと言ってくれるし、支えが必要なときは的確な言葉をくれるでしょう。けれど、友人をセラピストと混同してはいけません。お互いに対等な立場であること、自由であることを忘れずに。大人になってからの友人は一生の宝物です。

It's been a while. How are you?

86

It's been a while. How are you?
お久しぶりです。お元気ですか？

大切な人に思いを馳せるのはいいものです。せっかくの機会なので、それで終わらせずに手紙を出してみては？　手紙は受け取る人が幸せになるだけではなく、書く側もとてもすばらしい時間が過ごせるものです。文房具店に行って便箋や封筒を買うのも、切手を選ぶのも、美しいものに触れるいい機会になります。ペンやインクの色を選び、紙の手触りを楽しみましょう。最近、自分の手書きの文字を見ましたか？　手紙は心を込めて書くものですから、手書きの文字には感情がにじみ出ます。手紙は感動を運び、人生を豊かにしてくれるのです。

Across the stormy seas

87

Across the stormy seas.

荒波を越えて①

仲間がひとりでもいれば、人は強くなれるものです。相談相手がいれば大きな決断を下すのが簡単になるし、良いことも悪いことも話し合えます。配偶者だけではなく、友達や近しい人に支えてもらうことも。ひとりで世の中を渡っていかなくてもいいのです。人生の荒波にもまれるうちに、自分自身のこと、大切な人たちとの関係について知るでしょう。新たな発見のチャンスです。危機は人に新たな能力を与え、仲間との絆を強くし、自分にも困難を克服する力があることを教えてくれます。

Across the
stormy seas

88

Across the stormy seas.

荒波を越えて②

人生はありとあらゆる変化球をわたしたちに投げてきます。人間関係がうまくいっていても、その他の難しい問題が生じることがあります。たとえば、不景気、失業、金銭的な危機、病気。そんなとき、人の資質が試されます。荒波にもまれて必死にもがいているときは、ものごとを正しく見られないものですが、冷静になって客観的に事態を見つめてみましょう。効率的な考え方とは？　重要なことはなに？　今エネルギーを向けなくてもいいことはなに？

Happiness
comes in waves.
It'll find you
again and again.

89

Happiness comes in waves. It'll find you again and again.

幸せは波のようにやってくる。何度も何度も

「幸せな人生」という言葉は矛盾をはらんでいます。幸せだけの人生などありえないから。成功者とみなされる人物の伝記を読んでみても、必ずなにかつらいことを経験しているものです。どんなに幸運な人の人生にも小さな挫折はあります。長い人生全体のうちのポジティブな部分が「幸せ」なのです。人生は果てしなく変わり続ける感情の波に乗っているようなもの。どんな感情も永遠に続くことはありません。だからこそ人生は楽しいのです。頼りない小舟に乗っていても、いつかは岸にたどり着けます。楽観的な人が舟を上手に操れるのです。

I hope you know that you can talk to me about anything?

90

I hope you know that you can talk to me about anything?

話したくなったら、何でも話してね

あなたは人から相談ごとを持ちかけられることがありますか？　まわりから信頼されるタイプですか？　聞き上手なのはすばらしい長所です。人は相手の話を聞き、互いに支え合うことで、人生の重荷を分け合います。人のためになにかをすると、きっといつかいいことがあります。必ずしも感情移入しなくてもいいのです。大切なのは、見返りを求めずに与えることです。

I know that I'm cared for.

91

I know that I'm cared for.

大切に思ってくれてるんだね

大切に思ってくれる人がいるのは、とても幸せなことです。思いやりと愛情に満ちた人たちに囲まれている安心感によって、自分の基盤が強くなります。安全な居場所があれば、他人にべたべた頼ったり人間関係に固執したりする必要はなくなるでしょう。大切に思われているという感覚は、目に見えない温かな抱擁に包まれているようなものです。

Evening

Let's untangle this together.

92

Let’s untangle this together.

いっしょにほどこう

どんな人間関係でも、こじれることがあります。ぎくしゃくしはじめ、距離が生まれ、コミュニケーションが減り、トゲのある言葉でお互いを傷つけるようになる。そんなときは両者に責任があります。片方がいくらがんばっても関係を修復することはできません。両者で話し合って問題を認識することが必要です。関係修復して前進するためには、それぞれが思いきった行動を取らなければならないことも。楽しいときの友人関係は簡単ですが、いったんもつれてしまうと、ほどくのは大変です。でも、それを乗り越えれば、固い絆が生まれるのです。

My Secret
has become
too
heavy.

93

My secret has become too heavy.

秘密が重すぎる

秘密を抱えていると、なにかとつらいものです。肩にのしかかる重荷にエネルギーを吸い取られ、恥や罪悪感につきまとわれ、自分らしさを失ってしまうことも。ついに耐え切れなって重荷をおろしたときに初めて、秘密がどれだけ重かったか気づくものです。秘密を抱える理由はいろいろあるでしょう。まわりの態度が変わるのが怖いから。世間からつまはじきに合いそうだから。やさしくしてもらえなくなるから。けれど、そういう心配は杞憂に終わることが多いのです。人は意外に思いやり深く、やさしいものです。

I didn't like the reality...

So I built my own.

94

I didn't like the reality… So I built my own.

現実は苦手……だから自分だけの世界を作ってみた

社会に出て元気に働いている大人でも、孤独を感じている人は多いもの。仕事や学校の都合で知らない町に引っ越し、なかなか新しい人間関係を築けず、知らず知らずのうちに孤立することは珍しくありません。現実の生活がつまらないと、ゲームやソーシャルメディアの世界に浸るほうが楽だと思えてきます。そのうち、自分が現実をコントロールできていると錯覚するように。初めは快適かもしれませんが、やがて問題が表面化してきます。いったん自分の殻にこもってしまうと、なかなか抜け出せず、消極的になっていくのです。職場の同僚の様子を見てみましょう。プライベートで孤立していそうな人に気づいたら、仕事のあとにどこかに行かないか、さりげなく誘ってみませんか？

Our words can
damage or heal.
You choose.

95

Our words can damage or heal. You choose.

人を傷つける言葉、癒す言葉

他人に八つ当たりする人は、心に問題を抱えていることが多いものです。仕事や暮らしに不満を抱いている人で、職場ではまともに見えても、夜はソーシャルメディアで野獣のように暴れる人がいます。オンラインのチャットで悪口を書きまくったり、ネガティブな感情を広めたりするのは簡単です。自分の感情をコントロールできず、ものごとにきちんと向き合えないとき、インターネットという盾に隠れて匿名の意地悪なコメントを撃ちまくるのです。誹謗中傷のコメントは、疑心暗鬼や不安や不満の表れです。感情が高ぶっているのに気づいたら、いったん立ち止まって、Enterボタンを押す前に書き込みを見直してみてください。あなたが世の中に広めたいのは攻撃的な言葉ですか？　それとも建設的な言葉ですか？

Nurture the one you love.

96

Nurture the one you love.

好きなことをやってみよう

仕事上で自分の信念に合う行動を取る機会がないなら、自由時間になにか活動を始めてみましょう。できればパートナーとや子どもといっしょに。たとえば環境問題や気候変動に思いを寄せているなら、そのための活動をすることで心豊かな生活になるでしょう。自分の価値観に沿ったことをすれば仕事の疲れは取れて、気分も晴れるものです。

planting
the seeds
of hope

97

Planting the seeds of hope.

希望の種をまこう

子どもに感情をコントロールする方法やメンタル面でのセルフケアを教えるのは、親にとって大切な仕事のひとつ。けれど、親のほうが仕事上の挫折や病気など大きな困難に直面することもあります。そんなとき、ポジティブな姿勢を示せば、子どもにとってよいお手本になるでしょう。どんなに状況が悪くても必ず希望はあり、小さな出来事にチャンスを見いだすことができるはず。絶望して暗くなっていたら、子どもも真似をして、暗い目で世の中を見るようになってしまいます。逆境に陥っていても、家庭内がポジティブな雰囲気になるように、みんなで解決法を探りましょう。家族と話し合うことで、何とかやっていけるという自信にもつながります。努力では変えられないこともあるけれど、必ずなにか道があるはず。希望をしっかり見つめましょう。

Let me
float into
something
new.

98

Let me float into something new.

新たな流れに身をまかせてみよう

人生は予測がつかないもの。ときには、来るものを受け入れ、去るものは追わない姿勢も必要です。思いきって流れに身をまかせることで、バランスの取れた人生になっていくものです。楽観的でいること。そして好奇心を持って新たな可能性に目を向けておくこと。未来を信じていれば、人生の波を乗りきっていけるはず。細かく計画を立てたり境界線を引いたりしないことで、予想外の幸運をつかめることもあるのです。

You being present
is an affirmation to me.

99

You being present is an affirmation to me.

きみといると安心できる

やさしさや愛情で人は強くなれるものです。スキンシップは心を落ち着け、何でもできる気分にさせてくれます。すべての仕事を終えて、愛する人といっしょに過ごす夜の時間は、心からくつろげるもの。特別な準備も技術も必要ありません。いっしょにいるだけで絆が深まり、自分の心も強くなります。相手に自分の考えに浸る時間を与え、様子を見ながらそっとたずねてみましょう。「なにを考えているの？」と。

What's
troubling
you?

100

What's troubling you?

なにが心配なの？

心配ごとがあるとなかなか寝つけません。日中に考える時間がなかったり、人に相談できなかったりすると、夜中に不安が押し寄せてきて心が乱れます。眠れないこと自体がストレスの元になることも。深夜になると、だれもが気弱になり、悩みやプレッシャーを拡大鏡で見ている状態になります。そんなときは、思いきっていったんベッドから出てしまいましょう。寝る前に、深夜のセルフケア用グッズを用意しておくのもおすすめです。癒し系の曲のプレイリストを作っておく、気持ちが落ち着く本を選んでおく、思いを書きとめるノートとペンを枕元に置いておく、などです。朝が来て明るい光の中でものごとを見直せば、きっと悩みごとは消えていきます。

Resting is my superpower

101

Resting is my superpower.

休息はエネルギー源

少ない睡眠時間で長時間働くことを自慢する人がたまにいますが、そんな考え方はもう時代遅れ。だれも振り向きません。睡眠と休息は大切なエネルギー源です。どんなに忙しくても、しっかり休みましょう。休息によって人は進化します。ストレスが減り、頭が冴え、ものごとを違った角度から見ることができて、判断力が高まるのです。睡眠と休息は、リターンの大きい投資のようなものです。

Life and feelings hour by hour

102

Life and feelings hour by hour.

時の流れの中で生きる

時間は刻々と過ぎていきます。会議に出ていても、家のソファで寝ていても、時間は流れていきます。自分も、世の中も、仕事も、人間関係も、時とともに変わっていくもの。時間にのみこまれそうなとき、立ち直るきっかけになるのが、大切な人たちとのつながりです。つらいときに愛する人から届く1件のメッセージが思いがけない宝物になるかもしれません。この時代をともに生きる人の存在に気づくことで、安心と落ち着きを得られるのです。

Through times of trial.

試練のとき

Everyone
has their
own stories

103

Everyone has their own stories.

みんな自分のストーリーを持っている

新型コロナウイルスの時代、感染防止の鍵のひとつが人と人との接触削減、つまり社会的隔離です。けれど、以前から社会の主流から切り離されていた人々がいることを忘れないでください。
このウイルスは世界中に広まっていますが、その影響の深刻さは国や人種や社会的立場によって大きく異なります。パンデミックによって格差がさらに広がっているのです。世界には救いの手が届かない弱い立場の人々が数多くいます。この不平等から目をそむけず、しっかりと見つめましょう。人はだれでも尊厳を持って扱われるべきです。すべてのストーリーの裏に貴重な命が息づいているのです。

Ground yourself with positive action.

104

Ground yourself with positive action.

ポジティブな行動で元気になろう

世の中が重大局面を迎えたときや自分自身が危機に直面したとき、人は不安にかられ、思い迷うものです。心に重荷がのしかかり、内にこもりがちになるでしょう。そんなときだからこそ、自分を元気づける方法が必ずあることを忘れないでください。それは日々の小さな行動です。毎日の健康的なルーティンがメンタルヘルスに好影響を与え、苦しい時期を乗り越えてしっかりと歩んでいく助けになるのです。

Alone but not invisible!

105

Alone but not invisible!

ひとりでも孤独じゃない！

新型コロナウイルスの影響についての議論は、家族がいることが前提になっているケースが多いですが、世の中にはひとり暮らしの人も数多くいます。ひとり暮らしの人には普段なら孤独を避ける方法がいくらでもありますが、今の特殊な状況では人との接触が制限されてしまい、孤独を感じやすくなっています。友人や大切な人たちのことを思い浮かべてみましょう。だれかをオンライン食事会に誘ってみてはどうでしょう？

There's no excuse for selfish behaviour

106

There's no excuse for selfish behaviour.

自分本位な行動はやめよう

緊急事態になると、安全や安心を求めるのが人間の心理です。そんなとき、スーパーなどでの買いだめは気持ちを落ち着けるひとつの方法なのかもしれません。けれど、自分本位な考えを捨てて他人を思いやるほうが、より大きな心の安らぎを得られるものです。この事態に動揺しているのは、みんな同じなのですから。

My home is not a safe haven.

107

My home is not a safe haven.

ぼくのうちは安全地帯じゃない

休日にボードゲームをしたり、ケーキを焼いたり、アウトドアを楽しんだり——世の中はそんな明るい家庭ばかりではありません。緊張感と不安と暴力に満ちた家庭も多いのが現実です。新型コロナウイルスによる外出自粛の風潮は、家庭内暴力の被害者を増やす恐れがあります。今の時期、隣人や友人の家庭内の様子に普段より気を配りましょう。家具が倒れたり椅子が飛んだりする音や、怒鳴り声が聞こえたら、状況を確認して警察に通報しましょう。すべての人が自宅で安全に過ごせるように。

Ignorance is not a bliss

108

Ignorance is not a bliss.

見て見ぬふりはしないで

もしも虐待を受けたら、あるいは知人が虐待を受けていると知ったら、インターネットや電話帳で調べて相談窓口に連絡しましょう。地域ごとに家庭内暴力や虐待を防止するための組織があるはずです。緊急の場合は迷わず110番へ！

Don't be afraid.
When this is over,
we'll hug
more
than
ever!

109

Don't be afraid. When this is over, we'll hug more than ever!

大丈夫。これが終われば、しっかりと抱き合えるから！

絶望や不安に押しつぶされそうなときでも、だれかにやさしく元気づけてもらったり、じっくり話を聞いてもらったりすることで、勇気が湧くことがあります。普段より人との物理的距離を保たなければならない時期でも、さまざまな方法で寄り添うことができます。今わたしたちは、普段以上にお互いを必要としているのです。

It's not
us and them,
just
us.

110

It's not us and them, just us.

みんないっしょ

わたしたちは今、いろいろな意味で特別に難しい時代を生きています。こんな時期だからこそ、自分本位な考えや、政治的対立、分断は避けましょう。差別は、どんな形であっても許されません。そのかわり世の中に対してしっかりと責任感を持ち、弱者への配慮を大切にしましょう。この緊急事態を克服し、思いやりあふれる明るい社会を取り戻すには、すべての人の貢献が求められています。

Take good care of your valuables.

111

Take good care of your valuables.
かけがえのないものを大切に

この難しい時代においても、大切なものに気持ちを向けるのは重要なことです。毎日、自分のための時間を持ち、自分が今、なにに感謝しているか考えてみましょう。
感謝の気持ちはポジティブな行動で示し、自分にも他人にもやさしくしましょう。

Together through the hours

112

Together through the hours.

いっしょに乗り越えよう

そのときに調子のいいほうが積極的に相手を支える。つぎの場面では役割を交代する。人間関係は“お互いさま”が基本です。いつもふたりいっしょに人生という時間を旅していても、それぞれが自分だけのストーリーを作っています。日々の暮らしは苦行ではなく、冒険の共有です。お互いに支え合いながら乗り越えていきましょう。

著者からのメッセージ

この本は、イラストレーターのマッティと、心理療法士のアンッティのコラボレーションから生まれたものです。ふたりで日々の出来事や、だれもが出会うような場面、自身の経験などを語り合いながら、マッティが動物のキャラクターをスケッチしていきました。会話とイラストを同時進行する制作方法は、わたしたちにとってとても自然で本質的です。この本のイラストが心身の健康にポジティブな影響を与えたという言葉が世界各国から寄せられています。親しみやすくわかりやすいイラストが、みなさんに癒しや勇気を与え、心の状態を見渡す足がかりになることを願っています。

著者プロフィール

Matti Pikkujämsä／マッティ・ピックヤムサ（1976年生まれ）
フィンランド・オウル出身。数々の受賞歴のあるアーティスト、イラストレーター。ポートレイト・プロジェクトや数多くの子ども向け絵本、雑誌や新聞のイラストで知られています。また、無印良品、カウニステ、ラプアン カンクリ、マリメッコなどのテキスタイルや食器のデザインも人気。近年ではフィンランドイラストレーター協会による「イラストレーター・オブ・ザ・イヤー 2019」を受賞しています。

Antti Ervasti／アンッティ・エルヴァスティ（1975年生まれ）
フィンランド・オウル出身。家族・カップルの問題や性科学を専門とする心理療法士として、ヘルシンキを中心に活動中。アイデンティティ、人間関係、暴力など性に関する問題を扱うワークショップや講演を行っています。

CupOfTherapy™ とは？

メンタルヘルスへの理解促進を目的に、心理療法士のアンッティとイラストレーターのマッティが、同じく心理療法士であるエリーナ・レッモネンのサポートを受けて2017年にスタートさせたプロジェクトです。慎重に組み合わせされた親しみやすい動物のイラストとテキストで、だれもが経験する大小さまざまな問題が表現され、見る人に勇気や癒やし、ユーモアをもたらしてくれると世界的に注目されています。本書は同プロジェクトの2冊めの本で、1冊めは2018年に良品計画から『CupOfTherapy だいじょうぶ。』として刊行されています。グッズも制作されており、https://cupoftherapy.net/ から入手することができます。

カップオブセラピー
CupOfTherapy™
いっしょに越えよう

2020年12月9日　初版第1刷発行

著者・イラスト　マッティ・ピックヤムサ　アンッティ・エルヴァスティ
翻訳　西本かおる

発行人　鈴木崇司
発行所　株式会社　小学館
〒101-8001　東京都千代田区一ツ橋2-3-1
電話：編集 03-3230-5963　販売 03-5281-3555

印刷・製本　株式会社シナノパブリッシングプレス

販売　中山智子
宣伝　井本一郎
編集　笠井良子（小学館CODEX）

Printed in Japan ISBN 978-4-09-307002-7